O que a terra está falando?

ILAN BRENMAN

Ilustrações de
ANUSKA ALLEPUZ

2ª edição
revista pelo autor

© Ilan Brenman, 2019
1ª edição 2011

Coordenação editorial	Maristela Petrili de Almeida Leite
Edição de texto	Marília Mendes
Coordenação de edição de arte	Camila Fiorenza
Diagramação	Isabela Jordani
Ilustração de capa e miolo	Anuska Allepuz
Coordenação de revisão	Elaine Cristina del Nero
Revisão	Palavra certa
Coordenação de *bureau*	Rubens M. Rodrigues
Pré-impressão	Denise Feitoza Maciel
Coordenação de produção industrial	Wendell Jim C. Monteiro
Impressão e acabamento	Brasilform Editora e Ind. gráfica
Lote	284999 / 285000

Dados Internacionais de Catalogação na Publicação (CIP)
(Câmara Brasileira do Livro, SP, Brasil)

Brenman, Ilan,
 O que a terra está falando? / Ilan Brenman ;
ilustrações Anuska Allepuz. -- 2. ed. rev. --
São Paulo : Moderna, 2019.

 ISBN 978-85-16-11879-2

 1. Ficção - Literatura infantojuvenil I. Allepuz,
Anuska. II. Título.

19-24407   CDD: 028.5

Índices para catálogo sistemático:
1. Ficção : Literatura infantil   028.5
2. Ficção : Literatura infantojuvenil   028.5

Maria Paula C. Riyuzo - Bibliotecária - CRB-8/7639

Reprodução proibida. Art.184 do Código Penal e
Lei 9.610 de 19 de fevereiro de 1998.

Todos os direitos reservados

EDITORA MODERNA LTDA.
Rua Padre Adelino, 758 - Belenzinho
São Paulo - SP - Brasil - CEP 03303-904
Vendas e Atendimento: Tel. (11) 2790-1300
www.modernaliteratura.com.br
2019
Impresso no Brasil

*Para aqueles que acreditam
no diálogo e na sabedoria antiga.*

Numa antiga região de vários nomes, Canaã, Palestina, Israel, vivia um simples e esforçado agricultor. Ele havia herdado de seu pai um pequeno terreno, que ficava nas bordas do Neguev, um imenso e imponente deserto.

Tal homem trabalhou duro e com afinco por anos a fio. Cavava, semeava, plantava e irrigava; porém, o resultado era sempre decepcionante.

Certa manhã, o agricultor decidiu que tentaria a sorte mais ao norte do país. Lá o terreno era mais fértil e a água um pouco mais abundante. Mas com quem deixaria a terra herdada de seu saudoso e querido pai?

A resposta chegou em um burrico. Seu vizinho, que era entregador de leite de cabra e vivia montado num simpático burro, era seu amigo de infância. As famílias se conheciam há décadas e, mesmo praticando religiões diferentes, a relação deles era de mútuo respeito e admiração. Não haveria melhor pessoa para cuidar do terreno do que seu querido vizinho!

O vizinho aceitou a incumbência e perguntou:

— Posso tentar trabalhar a terra?

— Não perca seu tempo com esse terreno amargurado e rachado, de lá não nascerá absolutamente nada — respondeu o agricultor.

— Mas mesmo assim, posso tentar? — insistiu o entregador de leite.

— Faça o que quiser, o trabalho desperdiçado será só seu.

O contrato do arrendamento, empréstimo temporário, foi selado verbalmente com um caloroso aperto de mão e um fraterno abraço.

O agricultor seguiu seu caminho rumo ao norte. No dia seguinte, o entregador de leite vendeu seu estimado burro e começou a trabalhar aquela terra selvagem.

Se o antigo dono havia trabalhado muito naquele terreno, o novo locatário trabalhou cem vezes mais. Todos que olhavam aquele homem madrugando, depois retornando para casa no início da noite, sujo, com as mãos sangrando e o corpo todo dolorido, diziam que ele era um louco de ter abandonado sua antiga profissão em troca de um trabalho sem futuro.

Mas ninguém sabia que o novo agricultor possuía um sonho antigo: esverdear aquela terra toda, comer os alimentos daquele lugar que fora a casa dos seus mais antigos ancestrais. Ele não perderia a chance que o destino havia lhe dado.

Depois de um ano inteiro de sacrifício, o milagre se deu. As primeiras plantas começaram a furar o duro chão, e, como um estourar de pipoca, o terreno todo esverdeou.

Nos anos seguintes, a terra continuou a fertilizar e intensificou sua abundância. O antigo entregador de leite era agora um próspero e feliz agricultor. O trabalho nunca parava. Invenções geniais de irrigação foram criadas e aperfeiçoadas por ele. O Neguev estava florescendo!

Quando tudo parecia estar calmo, o antigo dono da terra retornou ao seu lar. Ao ver aquela abundância de vida cravada na propriedade que havia abandonado, quase acreditou que estava no local errado. Aquilo não podia ser real.

Por mais de uma hora, percorreu um campo repleto de fartura e beleza. De repente, percebeu alguém se aproximando: era seu vizinho. Os dois se abraçaram emocionados e o que tinha retornado disse:

— Quase não reconheci este lugar. Que milagre aconteceu por aqui?

— Meu velho amigo, o milagre se chama trabalho, perseverança e fé — respondeu o outro.

— Eu não tenho como agradecer pelo que você fez por minha terra — disse o antigo dono.

O atual proprietário levou um susto ao ouvir aquilo. Pálido e nervoso, disse:

— Como assim? Sua terra? Esta terra agora me pertence!

— Eu nunca lhe dei a minha terra, apenas pedi para você cuidar dela, lembra? — disse o antigo dono.

— Claro que lembro, mas você foi embora e nunca mais deu notícia alguma. E a terra que você deixou não existe mais. O que vemos aqui é fruto exclusivamente do meu trabalho, não do seu — respondeu o proprietário atual.

— Concordo, vizinho. Realmente, você realizou algo prodigioso aqui, mas isso não anula o meu direito à terra. Ela me pertence!

O encontro inicial, afetivo e caloroso, transformou-se em tenso, angustiante e raivoso. Ouviram-se gritos ao redor do solo esverdeado: "A terra me pertence! Seu ladrão! Ela é minha, meu pai me deu!", "Ela era seca, morta e eu a fiz verde, viva e abundante! Ela me pertence!".

Os gritos chamaram a atenção das pessoas que por ali passavam; uma pequena aglomeração rodeava os dois vizinhos. O tom dos insultos estava subindo a cada minuto e, quando quase se transformou em uma briga física de sopapos e safanões, uma velha senhora que assistia a toda a cena disse:

— Por que os senhores não chamam o juiz Lior? Ele é o mais sábio e justo da nossa região.

Realmente, assim o era. O juiz Lior sempre ajudava ricos e pobres em momentos que mais precisavam, sempre com muito bom senso, sabedoria e justiça.

Os dois querelantes concordaram e, depois de algum tempo, chegou ao terreno o famoso juiz. Tal homem aparentava ter uma idade avançada. Suas vestes eram de uma simplicidade atroz. Seu olhar parecia transbordar sinceridade e equilíbrio.

— Por que vocês me chamaram? — perguntou o velho juiz.

A briga novamente recomeçou: "A terra me pertence!", "Não, eu que a fiz renascer! Ela me pertence!...".

Enquanto os vizinhos novamente se digladiavam verbalmente, o juiz Lior repentinamente se jogou ao chão, estendido completamente e com a orelha encostada na terra.

As pessoas que assistiam à briga ficaram pasmas. Os vizinhos pararam de brigar e olharam aquela cena estranha. O antigo dono da terra então perguntou:

— Juiz, o senhor está bem?

— Silêncio! — gritou o juiz.

O grito deixou ainda mais perplexos todos os que ali estavam. O juiz teria enlouquecido? Com muita delicadeza e cuidado, o atual proprietário da terra aproximou-se e disse baixinho:

— Juiz, o que o senhor está fazendo?

Não houve resposta. O juiz continuava deitado, com a orelha grudada no solo e os olhos fechados. De repente, os olhos do ancião se abriram e ele disse:

— Estou ouvindo a terra!

Todos que lá estavam aproximaram-se do juiz, tentando captar algum som vindo do chão. A curiosidade era enorme.

— E o que ela está dizendo para o senhor? — perguntou a velha que tinha sugerido buscá-lo para acabar com a briga.

O juiz sentou-se, pediu que os vizinhos fizessem o mesmo e respondeu:

— A terra acabou de me dizer que ambos pertencem a ela.

Aquelas palavras calaram fundo na alma dos vizinhos. Ambos lembraram-se dos seus familiares já mortos. Todos já pertenciam a ela: à terra.

O juiz foi embora, assim como todos os espectadores. Os vizinhos silenciosamente se entreolharam e, com olhos marejados, se abraçaram.

— Venha até minha casa tomar um banho e comer uma bela refeição. Depois disso teremos muito tempo para conversar – disse o antigo entregador de leite.

Com os braços entrelaçados, os dois vizinhos afastaram-se da terra em disputa. Estavam a caminho de uma casa, um banho, uma refeição e uma conversa entre velhos amigos.

AUTOR E OBRA

Ilan Brenman é filho de argentinos, neto de russos e poloneses. Nasceu em Israel em 1973 e veio para o Brasil em 1979. Naturalizado brasileiro, Ilan morou a vida inteira em São Paulo, onde continua criando suas histórias.

Ilan fez mestrado e doutorado na Faculdade de Educação da USP, ambos defendendo uma literatura infantil e juvenil livre da ideologia do "politicamente correto" e com muito respeito à inteligência e à sensibilidade da criança e do jovem leitor.

Recebeu diversos prêmios, entre eles o selo "Altamente Recomendável" pela Fundação Nacional do Livro Infantil e Juvenil, os 30 melhores livros do ano pela Revista *Crescer* e o prêmio White Ravens (Alemanha), o que significa fazer parte do melhor que foi publicado no mundo.

Seus livros foram publicados na França, Itália, Alemanha, Polônia, Espanha, Suécia, Dinamarca, Argentina, Coreia, China, em Portugal e no México.

Atualmente percorre o Brasil e o mundo dando palestras e participando de mesas de debate em feiras de livros, escolas e universidades sobre temas contemporâneos nas áreas de cultura, família, literatura e educação.

O que a terra está falando? é um reconto proveniente do Oriente Médio, que traz dentro dele uma sabedoria universal.

Para conhecer mais o trabalho do Ilan:
www.bibliotecailanbrenman.com.br
/autorIlanBrenman   @ilan.brenman

A ILUSTRADORA

Nasci em Madri, Espanha, mas hoje em dia vivo em Londres, no Reino Unido. Desde criança, sempre gostei de desenhar, apesar de ter cursado Ciências na faculdade. Eu não sabia a que me dedicar até descobrir que havia um curso onde era possível desenhar o tempo todo. Estudei Belas Artes na Universidade de Salamanca, na Espanha, e durante esse período ganhei uma bolsa na Academia de Belas Artes de Carrara, na Itália. Depois de formada, fiz ilustrações para várias organizações beneficentes, quando me dei conta de que eu poderia me comunicar e ajudar outras pessoas com meus desenhos. Assim me descobri profissionalmente. Produzir ilustrações para outros países e para histórias completamente diferentes é uma ótima oportunidade para descobrir como outras pessoas vivem e pensam, uma das questões centrais deste livro.

Anuska Allepuz

 **LEITURA EM FAMÍLIA**
Dicas para ler
com as crianças!
www.modernaliteratura.com.br/
leituraemfamilia